BEI GRIN MACHT SICH IHR WISSEN BEZAHLT

Julia Uhlitzsch

Alternative Schulprojekte - Ganztagsschule

Warum das Konzept der Ganztagsschule?

GRIN Verlag

Bibliografische Information der Deutschen Nationalbibliothek:

Die Deutsche Bibliothek verzeichnet diese Publikation in der Deutschen National-
bibliografie; detaillierte bibliografische Daten sind im Internet über http://dnb.d-
nb.de/ abrufbar.

Impressum:

Copyright © 2010 GRIN Verlag, Open Publishing GmbH
Druck und Bindung: Books on Demand GmbH, Norderstedt Germany
ISBN: 978-3-656-00777-7

Dieses Buch bei GRIN:

http://www.grin.com/de/e-book/178615/alternative-schulprojekte-ganztagsschule

Stiftung Universität Hildesheim
Institut für Sozialwissenschaften

Alternative Schulprojekte –

Warum das Konzept „Ganztagsschule" ?

vorgelegt von:

Julia Uhlitzsch

Inhaltsverzeichnis

1. Einleitung

Ein alternatives Schulkonzept, welches momentan viel diskutiert wird, ist das der Ganztagsschule. Um zunächst den Begriff der Ganztagsschule zu klären, eignet sich die Definition der Kultusministerkonferenz (KMK), die im März 2003 aufgestellt wurde. In den Ausführungen der KMK werden Ganztagsschulen als Schulen definiert, die:

- „ über den vormittäglichen Unterricht hinaus an mindestens drei Tagen in der Woche ein ganztägiges Angebot für die Schülerinnen und Schüler bereitstellen, das täglich mindestens sieben Zeitstunden umfasst,
- an allen Tagen des Ganztagsbetriebes den teilnehmenden Schülerinnen und Schülern ein Mittagessen anbieten,
- ihre Nachmittagsangebote unter Aufsicht und Verantwortung der Schulleitung organisieren, in enger Kooperation mit der Schulleitung durchführen und in einen konzeptionellen Zusammenhang mit dem Vormittagsunterricht stellen. " (Der Senat von Berlin 2005, S. 10)

Demnach ist die Ganztagsschule ein Konzept, dass die Organisation des Tagesablaufes betrifft und den Vor- und Nachmittag sowie die Mittagsverpflegung der Schülerinnen und Schüler[1] strukturiert und regelt.

Durch die Unterscheidung in drei schulische Organisationsformen der Ganztagsschule, wird dies noch deutlicher. Hier führt die KMK die voll gebundene Form, die teilweise gebundene Form und die offene Form angeführt. „ In der voll gebundenen Form sind die Schülerinnen und Schüler verpflichtet, an mindestens drei Wochentagen für jeweils mindestens sieben Zeitstunden an den ganztägigen Angeboten der Schule teilzunehmen." Die „teilweise gebunden[e] Form verpflichtet sich ein Teil der Schülerinnen und Schüler an mindestens drei Wochentagen für jeweils sieben Zeitstunden an den ganztägigen Angeboten der Schule teilzunehmen. In der offenen Form ist ein Aufenthalt verbunden mit einem Bildungs- und Betreuungsangebot in der Schule an mindestens drei Wochentagen von täglich mindestens sieben Zeitstunden für die Schülerinnen und

---

[1] Aus Gründen der Einfachheit wird der Begriff „Schüler" im Folgenden für beide Geschlechter verwendet.

Schüler möglich. Die Teilnahme an den ganztägigen Angeboten ist jeweils durch die Schülerinnen und Schüler oder deren Erziehungsberechtigte für mindestens ein Schuljahr verbindlich zu erklären." (Der Senat von Berlin 2005, S.10)

Bei der Wahl der Form gibt es demzufolge verschiedene Möglichkeiten. Dabei ist jedoch zu bedenken, dass die Gestaltung der Formen länderbedingt von folgenden Faktoren abhängt: „unterschiedliche finanzielle Möglichkeiten, Personalstrukturen sowie ortsspezifische Gegebenheiten" (Höhmann, Kamski, Schnetzer (Deutsche Kinder- und Jugendforschung) 2006, S. 23). Das kann zum Beispiel bedeuten, dass die Betreuung nur für bestimmte Altersgruppen angeboten wird und das Betreuungsangebote nur an bestimmten Tagen stattfinden können (vgl. Der Senat von Berlin 2005, S.10).

Das Thema Ganztagsschule ist jedoch nicht nur in der Bildungspolitik im Gespräch. Auch die Eltern- und Lehrerschaft klärt Begriffsschwierigkeiten und diskutiert über Für und Wider. Viele Schulen verweigern eine Umwandlung in eine Ganztagsschule, weil Ihnen zum Beispiel Räumlichkeiten, Ausstattung und Personal für Arbeitsgemeinschaften und Werkstätten fehlen. Aus Erfahrungsberichten in der Familie sowie in Praktika erfuhr ich, dass auch die Mehrheit der Lehrerinnen und Lehrer[2] dem Konzept der Ganztagsschule eher kritisch gegenübersteht, da sie in Zukunft mehr Arbeit befürchtet. Die Bedenken der Eltern liegen vor allem darin, ihre Kinder könnten überfordert und unglücklich darüber sein, weniger Freizeit zu haben. Trotz der vielen kritischen Auseinandersetzungen mit der Ganztagsschule, gewinnt diese in den letzten Jahren in Deutschland merklich an Akzeptanz. Die ansteigende Aufmerksamkeit in der Gesellschaft gegenüber alternativen Schulkonzepten, lässt sich vor allem durch die bedenklichen PISA-Ergebnisse begründen (vgl. Höhmann, Kamski, Schnetzer (Deutsche Kinder- und Jugendstiftung) 2006, S. 7). Die Ganztagsschule wird daraus folgend „ als große Chance für die Verbesserung der Bildungsmöglichkeiten von Kindern und Jugendlichen gesehen. Sie ist der Ort, an dem Schülerinnen und Schüler mit mehr Zeit, besseren Angeboten sowie durch unterschiedlichste Fachkräfte sinnvoller gefördert, gefordert und betreut werden können." (Höhmann, Kamski, Schnetzer (Deutsche Kinder- und Jugendstiftung) 2006, S. 7).

---

[2] Aus Gründen der Einfachheit wird der Begriff „Lehrer" im Folgenden für beide Geschlechter verwendet.

Diese Aussage möchte ich nun als Ausgangspunkt für meine weitere Hausarbeit verwenden. Demnach stellen sich für mich folgende Fragen: „ Was macht eine Ganztagsschule aus/ anders?", „Was sind die Vorteile einer Ganztagsschule?" und „Welche Gründe gibt es für eine Umwandlung in eine Ganztagsschule?". Mithilfe der Literatur von Reinhard Kahl („Treibhäuser der Zukunft - Wie in Deutschland Schulen gelingen ") und Enja Riegel („Schule kann gelingen! – Wie unsere Kinder wirklich fürs Leben lernen") werde ich im folgenden Hauptteil versuchen, diese Fragen für mich zu klären.

2. Thematische Textdarstellung

In dem Buch „ Treibhäuser der Zukunft – Wie in Deutschland Schulen gelingen" berichtet Bildungsexperte Reinhard Kahl wie auch bei uns in Deutschland Schulen gelingen können. Hierzu dokumentiert er ihren Schulalltag, den Unterricht sowie Interviews mit Lehrern, Eltern, Schülern und Wissenschaftlern. Er zeigt auf, dass „ auch hierzulande Schulen Lebensorte sein können, die zum Lernen Zeit lassen, in denen Lust und Leistung, Selbstständigkeit und Zusammenarbeit kein Widerspruch sind" (DIE ZEIT 2004, In: Reinhard Kahl 2006, S.132). Er selbst schreibt, dass er mit seinem Buch das „Bild einer möglichen Zukunft montiert, die mancherorts längst begonnen hat." (Reinhard Kahl 2004, S. 24). Hierzu informiert er seine Leser über „die Bodensee-Schule in Friedrichshafen, die junge Jenaplan-Schule in Jena, das Gymnasium Klosterschule in Hamburg und viele andere zwischen Herten, Potsdam und Bremen.". Für ihn sind diese Schulen „tatsächlich „Treibhäuser der Zukunft" geworden." (Reinhard Kahl 2006, S.25). Sie sind „Lebensorte [...], die sich Zeit nehmen [und] in denen Schüler gerne und erfolgreich lernen." (Reinhard Kahl 2006, S.26).
Davon weichen jedoch die meisten deutschen Schulen ab. In einer Bestandsaufnahme verdeutlicht Reinhard Kahl den alltäglichen Schulablauf. Demnach kommen die Schüler morgens in ihre Klassenräume und werden sofort mit dem zu vermittelnden Lernstoff, der aus dem Lehrplan entnommen ist, konfrontiert. Meistens fehlt Lehrern und Schülern zusätzlich die Zeit, das erforderliche Pensum an Wissensvermittlung und Aneignung zu schaffen. Bei der Wissensvermittlung verfolgen die Lehrer ein festes Ziel, welches nach deutscher

Tradition, über den „Fragen entwickelnden Unterricht" erreicht werden soll. (vgl. Reinhard Kahl 2006, S.28). „Nach Vortrag und Tafelbild führen Lehrer mit Fragen die Schüler Schritt für Schritt ans Ziel. [...] Jeder soll im gleichen Tempo den gleichen Weg in den gleichen kleinen Schritten zurücklegen." (Reinhard Kahl 2006, S. 28).

Hier stellt sich die Frage, was die Ganztagsschule im Vergleich dazu anders macht. Hier führt Reinhard Kahl insbesondere das Beispiel der Bodensee-Schule St.Martin in Friedrichshafen an. Die seit 1971 ganztägig betriebene Schule steht im Fokus der Dokumentationen von „Treibhäuser der Zukunft - Wie in Deutschland Schulen gelingen". Hier sind Individualisierung und Zusammenarbeit Zutaten des Erfolgsrezepts. Hinzu kommt, dass den Schülern vor allem Raum, Zeit und Gelassenheit zum Lernen gegeben wird. (vgl. Reinhard Kahl 2006, S. 41). Das „Lernen wird [hier] als eine Aktivität der Schüler" verstanden (Reinhard Kahl 2006, S. 41). Somit wird vor allem die Selbstständigkeit, aber auch die Zusammenarbeit der Schüler miteinander gefördert. „Dahin zielt - oder erzieht die gesamte Organisation des Alltags." (Reinhard Kahl 2006, S. 41). Die Selbstständigkeit der Schüler fördert die Bodensee-Schule vor allem durch Freiarbeit und zahlreiche Projekte. Um das umsetzen zu können, wurde die Einteilung in einen Fächerkanon abgeschafft. (vgl. Reinhard Kahl 2006, S. 42). Die Freiarbeit ist ein Unterrichtsprinzip, welches Schülern dabei helfen soll, „ihre Eigenzeit zu finden, ihre besonderen Möglichkeiten auszuloten und an ihrem Notwendigen zu arbeiten." (Reinhard Kahl 2006, S.44). Die Kinder setzen sich demnach ein eigenes Lernziel, das sie mit ihren eigenen Arbeitsmethoden versuchen zu erreichen. Sie entscheiden selbst, welches Ziel wie erreicht werden kann. Jürgen Oelkers, Professor für Allgemeine Pädagogik an der Universität Zürich verdeutlicht dieses mit seiner Aussage, dass „Bildungserlebnisse [...] ganz unterschiedlich [sind] und man [...] sie nicht einfach durch Unterricht verordnen [kann]" (Reinhard Kahl 2006, S.92). Demnach sind die Schüler im Vergleich zu der gängigen deutschen Schule ungebunden (vgl. Schüleraussage, S. 41). Der Lehrer macht keinen „Fragen entwickelnden Unterricht" mehr, sondern wird zum Beobachter und Begleiter (vgl. Reinhard Kahl 2006, S. 44). Klassenlehrer, Franz Gresser, sagt : „[J]eder weiß, [dass] wenn er den Strecker hoch streckt, dann komme ich zu ihm, dann weiß er ganz sicher dass ich komme, er muss kein Jahr oder keine zehn Jahre warten, wie manche Kinder. [...]; das Problem ist dann auch meistens beseitigt und dann kann er wieder ganz zufrieden weiterarbeiten" (Reinhard Kahl 2006, S. 41). Aufgrund der Freiarbeit wird an der Bodensee-Schule auf das Schreiben von Tests und Arbeiten im Klassenverband verzichtet. Reinhard Kahl schreibt hierzu, dass wenn „die Leistungsbewertung aus dem Lernalltag heraus gehalten [wird], […] die Schule ein geschützter Raum, frei für Neugierde und für Experimente" ist. „Der Innenraum wird gedehnt, die Köpfe klarer, das Lernen nachhaltiger." (Reinhard Kahl 2006, S. 46). Neben der Förderung der Selbstständigkeit unterstützt die Bodensee-Schule die Zusammenarbeit der Kinder und deren Gemeinschaftsgefühl. Dafür besuchen die Schüler in den ersten drei Jahren so genannte Familienklassen. Kinder von der 1.bis zur 3. Klasse arbeiten zusammen und unterstützen sich. Entgegen der gängigen deutschen Schule wird nicht vorausgesetzt, dass alle Kinder auf den gleichen Stand gebracht werden müssen. Sie lernen also individuell voneinander und miteinander.

Ein weiterer Punkt, der an Ganztagsschulen anders ist, ist die Rhythmisierung und Strukturierung des Schultages. Neben der Loslösung vom 45-Minuten-Raster (vgl. Reinhard Kahl 2006, S.43) besuchen die Kinder der Bodensee-Schule auch nachmittags Arbeitsgemeinschaften und Freizeitgruppen wie zum Beispiel „Zirkus" oder „Schwimmen". Diese Veranstaltungen der Schule werden sogar durch Eltern, Künstler und Experten unterstützt. Zudem sind die Hausaufgaben vor Schulende erledigt, sodass die Kinder, „wenn sie um 4, halb 5 nach Hause kommen, Freizeit, zum Spielen…" haben (Elternaussage, S. 50). Reinhard Kahl schreibt, dass Schulen dann gelingen, wenn der Tag einen Ausgleich zwischen Konzentration und Entspannung schafft. (vgl. Reinhard Kahl 2006, S.48). Das erwähnt auch Karin Bossaller, Schulleiterin der Ganztagsgrundschule Borchshöhe in Bremen. Für sie ist die Rhythmisierung auch vorteilhaft für die Lehrer, da man auch Ruhepausen hat und nicht „von 8 bis 13 Uhr die ganze Zeit arbeitet." (Reinhard Kahl 2006, S. 27). Zusammenfassend ist demzufolge zu sagen: „Der Raum ist der Dritte Pädagoge, nach den Lehrern und den anderen Schülern. Und die rhythmisierte Zeit, sollte man hinzufügen, ist der vierte Pädagoge." (Reinhard Kahl 2006, S. 53).

Im vorangestellten Text habe ich vor allem anhand der Bodensee- Schule meine Frage „Was macht eine Ganztagsschule aus/ anders?" für mich beantworten können. Dabei ist mir aufgefallen, dass auch einige Vorteile einer Ganztagsschule deutlich wurden. Insgesamt hat die Ganztagsschule den großen Vorteil, dass das Lernen anders strukturiert und rhythmisiert ist. Die Schüler haben bei den verschiedenen Angeboten am Vormittag sowie am Nachmittag Wahlmöglichkeiten und gestalten ihren Lernfortschritt selbst. Freiarbeit, viele Projekte, Arbeitsgemeinschaften und Freizeitgruppen stärken die Selbstständigkeit aber auch das Gemeinschaftsgefühl der Kinder. Nach der Schule haben die Schüler Freizeit für private Interessen und Hobbys, da die Hausaufgaben in der Schule erledigt werden. Wie schon erwähnt, ist die Rhythmisierung auch vorteilhaft für die Lehrerschaft, da durch sie ein Ausgleich zwischen Konzentration und Entspannung geschaffen wird. Es wird demnach nicht ununterbrochen gelehrt und gelernt.

Nach Hartmut von Hentig, Professor emeritus für Pädagogik und Gründer der Laborschule Bielefeld ist die Ganztagsschule „ eine riesige Veränderung, vielleicht der durchgreifendste Reform-Impuls […], den wir haben könnten." (Reinhard Kahl 2006, S.76).

Neben der Fragestellung „Was macht eine Ganztagsschule aus/ anders?" und „Was sind die Vorteile einer Ganztagsschule?", interessieren mich auch die Gründe, die eine Schule dazu bewegen, die Umwandlung in eine Ganztagsschule vorzunehmen.

Deshalb möchte ich zunächst die Helene-Lange-Schule in Wiesbaden vorstellen. Dafür habe ich mich mit dem Buch der ehemaligen Schulleiterin Enja Riegel auseinandergesetzt. In „Schule kann gelingen! – Wie unsere Kinder wirklich fürs Leben lernen" gibt sie für die bessere Zukunft von Schulen, einen Überblick über ihr Schulkonzept und wie sie es geschafft hat, dass die Schüler an der Helene-Lange-Schule mit Freude fürs Leben lernen.

Wie die Bodensee-Schule fördert auch die Helene-Lange-Schule die Selbstständigkeit der Schüler und die „anderen Formen des Lernens" (vgl. Helene-Lange-Schule 2008, Anderes Lernen- Das Schulkonzept). Enja Riegel selbst schreibt: „Wenn wir ernst nehmen, dass die Schule ein Ort des Lernens ist, dann müssen wir vor allem immer wieder nach der Art und Weise fragen, wie bei uns gelernt wird, gelernt werden könnte, gelernt werden soll." (Enja Riegel 2008, S. 233). Zu den „anderen Formen des Lernens" an der Helene-Lange- Schule zählen zum Beispiel Projekte, Offenes Lernen, Praktika, das Radiostudio sowie das Theaterspielen.

Die „Projekte an der Helene-Lange-Schule sind eine besondere Form des fächerübergreifenden Unterrichts" (Enja Riegel 2008, S. 22) und werden durch die Schüler gestaltet. Die Lehrer notieren die Interessen und Fragen der Kinder und entwickeln damit eine Projektskizze zu einem Thema. (vgl. Enja Riegel 2008, S.23). Die Projektarbeiten haben ebenso den normalen Fachunterricht der Helene-Lange-Schule beeinflusst. Lehrer verwenden auch hier die im Projektunterricht ausprobierten und entwickelten Methoden und Lernansätze. (vgl. Enja Riegel, S. 31). Als Beispiel führt Enja Riegel den Englischunterricht an. Einen ganzen Vormittag verbringen die Schüler am Flughafen und interviewen Reisende. Im Gespräch mit Ihnen, machen sie die Erfahrung, dass „Englisch nicht nur ein Schulfach, sondern eine Sprache ist" (Enja Riegel 2008, S.31). Enja Riegel spricht sich für anschaulichen Unterricht dieser Art aus, auch wenn „Der Preis für solchen Unterricht ist, dass das Lehrbuch oft nicht vollständig durchgenommen wird." (Enja Riegel 2008, S.31). Trotzdem ist sie der Meinung, dass Kinder somit für ihr Leben lernen, beziehungsweise das Gelernte nachhaltig ist. (vgl. Enja Riegel 2008, S. 31). Neben den Projekten und projektartigem Fachunterricht hat die Helene-Lange-Schule das Fach „Offenes Lernen" eingerichtet, das in jeder Klasse mit vier zusammenhängenden Wochenstunden im Stundenplan verankert ist. Ähnlich der Freiarbeit an der Bodensee-Schule, arbeiten „Schüler für sich oder in Gruppen gleichzeitig an ganz unterschiedlichen Themen und Aufgabenstellungen" (Enja Riegel 2008, S. 26).

Eine weiterere Besonderheit ist, dass die Schüler der Helene-Lange-Schule verschiedene Praktika außerhalb der Schule absolvieren. Diese Praktika werden in den laufenden Unterricht integriert. Die Helene-Lange-Schule möchte ihre „Schüler mit realen, aber für sie ungewohnten Lebenssituationen [...] konfrontieren, damit deren angelerntes Wissen nicht nur theoretisch bleibt, sondern sich mit eigenen Erfahrungen verbindet." (Enja Riegel 2008, S.75). Durch Sozialpraktikum, Kindergartenpraktikum und Betriebspraktikum soll vor allem der „Erwerb von Sozial- und Selbstkompetenz" (Helene-Lange-Schule 2008, Lernen über Fächergrenzen hinaus - Praktika) gefördert werden.

Des Weiteren hat die Helene-Lange-Schule neben den Angeboten, wie dem Radiostudio, ihren Schwerpunkt auf das Theaterspielen gelegt. Dabei wurde und wird die Schule von Künstlern unterstützt. Um diese Künstler und Helfer bezahlen zu können, spart die Schule Geld, indem Schüler und Lehrer das Schulgebäude selbst reinigen. Vor allem wird das Theaterspielen für die „Persönlichkeitsentwicklung der Schüler" (Helene-Lange-Schule 2008, Lernen über Fächergrenzen hinaus - Theater spielen) angeboten. Eine weitere wichtige Besonderheit, die die Helene-Lange-Schule auszeichnet, ist das Einhalten von Ritualen. Hierzu zählen zum Beispiel das Handzeichen, der Montag-Morgen-Kreis oder der Klassenrat. Mit dem Handzeichen können Schüler und Lehrer um eine ruhige Atmosphäre bitten. (vgl. Enja Riegel 2008, S. 152). Der Montag-Morgen-Kreis dient der Klasse zum Erzählen von Wochenenderlebnissen und Ähnlichem. Dabei sollen vor allem das Zuhören und das Gemeinschaftsgefühl der Schüler gestärkt werden. (vgl. Enja Riegel 2008, S. 155). Durch den Klassenrat, ein Ritual am Ende jeder Woche, soll den Schülern die Möglichkeit gegeben werden, „ Wünsche, positive Anmerkungen, aber auch Kritik und Konflikte" (Enja Riegel 2008, S. 64) zu besprechen.

Für diese und andere Rituale wird die Unterrichtszeit genutzt. Auf der Homepage der Helene-Lange Schule habe ich erfahren, dass der Unterricht von 8.10- 13.15 Uhr stattfindet. Nebenbei gibt es am Nachmittag PC-Unterricht, Wahlpflichtunterricht und Arbeitsgemeinschaften. (Helene-Lange-Schule 2008, Daten und Fakten - Menschen-Zahlen- Räume). Vor allem diese Strukturierung des Schulalltages und die im vorangestellten Text aufgeführten Angebote an der Helene- Lange- Schule, erinnern mich sehr an das Konzept einer Ganztagsschule. Zudem sind Gemeinsamkeiten mit dem Schulkonzept der Bodensee-Schule zu erkennen. Die Helene-Lange- Schule ist jedoch (noch) keine Ganztagsschule. Bei meinen Recherchen konnte ich herausfinden, dass sie im Jahr 2008 einen „Antrag auf Umwandlung in eine Ganztagsschule" gestellt hat. Bei genauerer Betrachtung dieses Antrags wurden für mich die Gründe für die Umwandlung einer Schule in eine Ganztagsschule deutlich. In ihrer „Sozialpolitischen und pädagogischen Begründung" gibt die Helene- Lange- Schule an, mit dem Konzept einer Ganztagsschule die Chancengerechtigkeit unter den Schülern erhöhen zu wollen. Sie verfolgt das Ziel, dass alle Schüler für ihre schulischen Aufgaben die gleiche Unterstützung durch die Schule erhalten und die Schulprobleme nicht in die Familie getragen werden müssen. Jeder hat somit die Chance auf gleiche Bildung. (vgl. Helene-Lange-Schule 2008, Antrag auf Umwandlung in eine Ganztagsschule, S. 3). Unter dem Punkt „Sozialpolitische und pädagogische Begründung" führt die Helene-Lange-Schule weiterhin an, dass eine Halbtagsschule nicht mehr mit den heutigen Familienstrukturen übereinstimmt. Die Zahl der allein erziehenden Elternteile und der „Patchwork"-Familien hat sich maßgeblich erhöht. Auch die „Haushalte mit zwei berufstätigen Elternteilen" (Helene-Lange-Schule 2008, Antrag auf Umwandlung in eine Ganztagsschule, S. 3) hat zugenommen. Somit lässt sich der Besuch einer Halbtagsschule nur noch schwer mit dem heutigen Arbeitsmarkt der Elterngeneration vereinbaren. Dieser verlangt von den Elternteilen eine hohe Flexibilität und die gute Organisation von Familie und Beruf. (vgl. Helene-Lange-Schule 2008, Antrag auf Umwandlung in eine Ganztagsschule, S.3). Darüber hinaus erklärt die Helene-Lange- Schule in ihrem Antrag auf Umwandlung in eine Ganztagsschule, dass sie mit dem Konzept die Frustrationen bei allen Beteiligten abbauen kann. Diese entstehen vor allem dadurch, dass die Zeitstruktur und das Personal nicht ausreichen, um die Schüler „in dem erwünschten und pädagogisch notwenigem Maße" individuell zu fördern (vgl. Helene-Lange-Schule 2008, Antrag auf Umwandlung in eine Ganztagsschule, S.3). Auch die angeführten Rituale, auf die die Helene-Lange-Schule viel Wert legt, sollen stärker abgesichert werden und „einen festen Platz im Tagesablauf bekommen, ohne allzu viel Unterrichtszeit zu beanspruchen." (Helene-Lange-Schule 2008, Antrag auf Umwandlung in eine Ganztagsschule, S.4). Wie schon am Anfang erwähnt, wird an der Helene-Lange-Schule auch am Nachmittag Unterricht erteilt. Wahlpflichtunterricht, Computerunterricht und Arbeitsgemeinschaften am Nachmittag haben ebenso dazu geführt, dass die Schule eine verlässliche Mittagsbetreuung anbietet (vgl. Helene-Lange-Schule 2008, Antrag auf Umwandlung in eine Ganztagsschule, S.6). In der „Begründung für die gebundene Form der Ganztagsschule" (vgl. Einleitung S.1) wird daraufhin erwähnt, dass das Modell eine andere Rhythmisierung des Tages sowie die „Entzerrung" des Pflichtunterrichts ermöglicht (vgl. Helene-Lange-Schule 2008, Antrag auf Umwandlung in eine Ganztagsschule, S.4). Die neue Rhythmisierung sieht neben der Unterrichtszeit Platz für die schuleigenen Rituale und das Selbstständige Lernen vor. Darüber hinaus soll die Rhythmisierung den Schülern und Lehrern neben der Anspannung auch Phasen der Entspannung und einen Wechsel der Lehr- und Lernformen ermöglichen. (vgl. Helene-Lange-Schule 2008, Antrag auf Umwandlung in eine Ganztagsschule, S.7). Zusammenfassend möchte die Helene-Lange-Schule mit der Umwandlung in eine Ganztagsschule die Qualität ihrer Arbeit verbessern. Das Konzept der Ganztagsschule, welches aus der Sicht der Helene-Lange-Schule mehr Zeit, Personal und Raum bietet, soll vor allem die individuelle Förderung der Schüler optimieren.

3. Reflexion

Meine Auseinandersetzung mit dem Antrag auf Unwandlung in eine Ganztagsschule, den die Helene-Lange-Schule im Jahr 2008 stellte, hat meine Meinung zum Thema Ganztagsschule bestärkt. Am Ende meiner Hausarbeit spreche ich mich daher für das Konzept der Ganztagschule aus und werde im Folgenden meine Ansichten darstellen. Dabei möchte ich den Titel meiner Hausarbeit erneut aufgreifen: „Alternative Schulprojekte - Warum das Konzept „Ganztagsschule"?". Diese Frage habe ich mir zu Beginn meiner Hausarbeit gestellt. Nachdem ich mich ausführlich mit dem Thema beschäftigt habe, bin ich der festen Überzeugung, dass dieses pädagogische Konzept eine Weiterentwicklung des Bildungssystems und seiner Qualität ist. Der Kern liegt darin, dass die Ganztagsschule durch ihre Rhythmisierung des Schulalltags, mehr Zeit für Bildung und Förderung der Kinder vorsieht. Demnach wird Raum für selbst organisiertes Lernen und für gemeinsame Projekte geschaffen. Die Kinder werden somit in ihrer Selbstständigkeit, aber auch in ihrer Teamfähigkeit gestärkt. Die Rhythmisierung, die auch am Nachmittag Unterricht vorsieht, entzerrt somit den strengen Stundenplan und schafft Erholungsphasen für Schüler und Lehrer. Ich denke, dass vor allem diese Erholungsphasen zum erfolgreichen Lernen beitragen, da Schüler und Lehrer ausgeglichener sind. Aus den längeren Pausen schöpfen sie Kraft für weitere Konzentrationsphasen. Darüber hinaus gefällt mir, dass die Kinder in den Pausen mehr Zeit haben, sich mit ihren Hobbys, ihren Mitschülern oder anderen Dingen zu beschäftigen. Ich denke, dass sie dabei nicht nur Spaß haben sondern auch notwendige Dinge fürs Leben lernen, wie zum Beispiel die Kommunikationsfähigkeit. Allgemein kann man sagen, dass den Kindern an einer Ganztagsschule mehr Lerngelegenheiten und Erfahrungsmöglichkeiten gegeben werden. Darüber hinaus finde ich es positiv, dass das Konzept der Ganztagsschule allen Schülern die gleichen Bildungschancen bietet. Ein Beispiel wäre die nachmittägliche Hausaufgabenbetreuung, die alle Schüler bei schulischen Aufgaben unterstützt. Aus Erfahrungsberichten konnte ich entnehmen, dass es Kinder gibt, die nach der

Schule alleine zu Hause sind, da die Eltern erst abends von der Arbeit kommen. Ebenso gibt es Familien in denen kein Deutsch gesprochen wird und die Kinder sich mit ihren schulischen Problemen selbst auseinandersetzen müssen. Demnach finde ich es toll, dass die Schüler einer Ganztagsschule in ihrer Bildung zum Beispiel nicht von ihrem sozialen Umfeld abhängig sind und somit auch bildungsbenachteiligten Kindern geholfen werden kann. Andererseits kann die verlässliche Betreuung der Kinder auch als Entlastung für die Eltern gesehen werden. Wie schon im Hauptteil erwähnt, erschwert die Halbtagsschule die nachmittägliche Betreuung der Kinder durch die Eltern. Es gibt viele allein erziehende arbeitende Elternteile, aber auch zwei berufstätige Elternteile. Somit ist die Betreuung der Kinder am Nachmittag durch die Eltern nur vereinzelt gegeben beziehungsweise in vielen Familien erschwert. Für mich ergibt sich dabei das Bild, dass eine Ganztagsschule, die Schule als Lebensort gestaltet sollte. Durch den langen Aufenthalt der Kinder trägt die Schule vor allem Verantwortung für die Entwicklung und den Schulerfolg der Kinder. Meiner Ansicht nach geht es hierbei nicht um Maßnahmen oder besondere Bildungsangebote durch die Schule, sondern um die „Beheimatung" der Kinder. Sie müssen sich in ihrer Lerngemeinschaft geborgen fühlen und den ihnen zugewiesenen Lehrern vertrauen können. Ich denke, dass vor allem durch gemeinsame Aktivitäten, wie sie an der Ganztagsschule vorgesehen sind, das Gemeinschaftsgefühl und das Vertrauen untereinander gestärkt werden kann. Hierzu zählen für mich Aktivitäten wie das gemeinsame Einnehmen von Mahlzeiten, Durchführen von Aufführungen, Festen und Feiern. Aber auch die Rituale, wie zum Beispiel der Montag-Morgen-Kreis an der Helene-Lange-Schule oder Klassenräte stärken das soziale Miteinander.

Des Weiteren bin ich davon überzeugt, dass die Ganztagsschule die individuelle Förderung der Schüler intensiver betreiben kann. Voraussetzung dafür ist nicht zuletzt die bessere Rhythmisierung des Schulalltages. Eine Ganztagschule hat demnach mehr Zeit die Interessen und Neigungen der Schüler durch Angebote, Arbeitsgemeinschaften und projektartigen Vorhaben zu fördern. Daher werden zum Beispiel Arbeitsgemeinschaften „Schwimmen" oder „Zirkus" wie an der Bodensee-Schule angeboten. Ich denke, dass durch das vielseitige Angebot von Arbeitsgemeinschaften und Freizeitgruppen, die Interessen aller Kinder weitgehend abgedeckt werden und dadurch das Lernen nicht zur Pflicht sondern zur Freude wird.

Für den Ganztagsbetrieb und seine Angebote wird neben der Zeit und den Räumlichkeiten auch mehr Personal benötigt. Die Helene-Lange-Schule schreibt in ihrem Antrag auf Umwandlung in eine Ganztagsschule, dass Ganztagsschulen „bis zu 20 % zusätzliche personelle Ressourcen" (Helene-Lange-Schule 2008, Antrag auf Umwandlung in eine Ganztagsschule, S.5) zustehen. Fraglich ist jedoch, ob die Ganztagsschule dieses Personal auch bekommt. Aus den Medien und aus Erfahrungsberichten erfahre ich immer wieder, dass nicht einmal der Bedarf an Halbtagsschulen gedeckt wird. Wenn also nicht einmal der Bedarf an Halbtagsschulen gedeckt werden kann, stellt sich für mich die Frage, woher dann eine Ganztagsschule Personal beziehen soll. Dieses zusätzliche Personal ist jedoch für die Organisation und Rundumbetreuung an Ganztagschulen dringend notwendig. Eine Folge daraus wäre, dass die individuelle Förderung, Lernrituale und selbstständiges Lernen, Dinge, die Ganztagsschule ausmachen, darunter leiden.

Abgesehen von den eben genannten Zweifeln in Bezug auf das Personal, bin ich der Meinung, dass die Ganztagschule als Weiterentwicklung der Halbtagsschule anerkannt werden muss. Kinder können an einem Ort lernen, der für sie als Lebensort gestaltet wird. Ich bin mir sicher, dass Schüler, die eine Ganztagschule besuchen, sie jeden Tag mit Freude und Lust am Lernen verlassen werden.

Literaturverzeichnis

Der Senat von Berlin, 2005: Ein Leitbild für die offene Ganztagsschule. Kulturbuch-Verlag GmbH, Berlin.

Helene-Lange-Schule, 2008: Anderes Lernen – Das Schulkonzept. Verfügbar über: http://helene-lange-schule.templ2.evision.net/index.php?id=14 [Stand : 10.08.2010]

Helene-Lange-Schule, 2008: Theaterspielen- Persönlichkeit stärken. Verfügbar über: http://helene-lange-schule.templ2.evision.net/index.php?id=93 [Stand: 16.08.2010]

Helene-Lange-Schule, 2008: Praktika. Verfügbar über: http://helene-lange-schule.templ2.evision.net/index.php?id=94 [Stand: 16.08.2010]

Helene-Lange-Schule, 2008: Menschen- Zahlen- Räume. Verfügbar über: http://helene-lange-schule.templ2.evision.net/index.php?id=61 [Stand: 10.08.2010]

Helene-Lange-Schule, 2008: Antrag auf Umwandlung in eine Ganztagsschule. Verfügbar über: http://helene-lange-schule.templ2.evision.net/index.php?id=147 [Stand: 10.08.2010]

Höhmann, Katrin; Kamski, Ilse, Schnetzer, Thomas, 2006: Was ist eigentlich eine Ganztagsschule ?. Eine Informationsbroschüre für Eltern und Interessierte mit DVD. 1.Auflage. Deutsche Kinder- und Jugendstiftung, Berlin.

Kahl, Reinhard, 2006: Treibhäuser der Zukunft. Wie in Deutschland Schulen gelingen. 3. Auflage. Verlagsgruppe Beltz, Weinheim.

Riegel, Enja, 2008: Schule kann gelingen! Wie unsere Kinder wirklich fürs Leben lernen. 5. Auflage. S. Fischer Verlag GmbH, Frankfurt a.M..